LA SAL

Jimena Cid

ilustrado por Ana Cid

LA SAL

Jimena Cid

ilustrado por Ana Cid

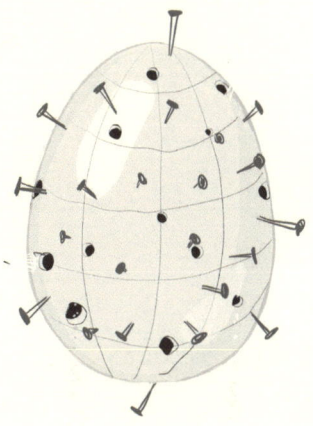

Edición limitada y numerada de 300 ejemplares

Piezas
Azules

COLECCIÓN PIEZAS POÉTICAS

Primera edición, mayo 2024
©Jimena Cid, *La Sal*

Ilustraciones interiores y de portada:
©Ana Cid www.arte-faktos.com

Edición: ©Piezas Azules, editorial independiente
piezasazuleseditorial.com

ISBN: 978-84-125037-8-4
Depósito legal: M-9277-2024

Piezas Azules llamábamos en nuestro lenguaje a los proyectos locos que se nos ocurrían. Eran proyectos con los que nunca nos haríamos ricos, con los que posiblemente nos hiciéramos más pobres, pero eran tan bonitos que tenían la vocación de no quedarse para siempre en el terreno de los sueños.

A Jorge

Un ser furioso es una cosa,
pero un ser furioso y sin amar
son dos seres furiosos.

Gabriel Cid
(*La ira y sus necedades*, Cap. VIII)

Y quienes miran las olas
o se quedan embobados
o se asoman.

Gabriel Cid

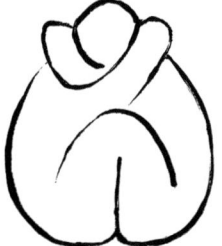

PARTE 1:
UNO

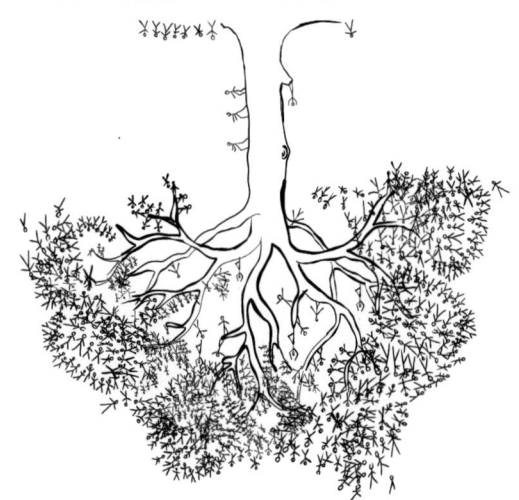

OLIMPO

Cofre de fruta y tiestos junta prole,
glotón,
de tantas tintas.

LA LECHERA

Al cántaro lo que es del cántaro:
la sed y los cascotes,
pero también los cuentos,
el pábulo
y la fe.

DISYUNTIVA

Pues no es del hombre de quien hablo:
o la ola o el mar;
y yo,
pues no es del hombre
de quien hablo,
me quedo con el mar.

BORBOTONES

I

A crujido del buque que es amigo,
así mi cuerpo suena como sonaja temperada,
dichoso aquel que apueste
un solo oído a su tierra salina.

Ha cambiado la piel su aceite
y los huesos parecen acortarse,
sin dolor las manos cuentan
que eran cientos de regueros sus muslos
de inspirado amarillo.

Temed solo la plaga sin color
y bendecid el plano indecoroso,
pero lleno.
Dichosos los que asisten al banquete que empieza,
siempre con los ojos prendados.

II

Al altar como voy a comer,
sin torpeza, con hambre
de ver cómo será la espina,
el sedal hoy cómo será.

III
Prestad oídos a la sal
apenas inorgánica,
pues bajo el pico de cristales
cumple la fiesta tan puntual
ella.

IV
Bajo las huertas mi mano pámpano
busca otra mano
solo
para pintar.

V
Siquiera el marrón responda al blanco,
pues le sobra pigmento
pero le falta luz.

LONTANO

A la Cochinchina por el color
y con el pie.
¿A dónde
por un lote de anzuelos, dónde
con la loca intuición,
el tracto puro y simple del deseo?
A la Cochinchina con un traspié.
Por el color.

PERHAPS LOVE O SISTEMA LINFÁTICO

[…]
así.
[…]
que cabe el mar en una alforja
y se derrama el agua salada por los bordes.
[…]
con su sequedad blanca
sopla el suelo
que parece que cegara el conducto.
[…]
cuando suelta la cosecha su linfa.
[…]
ambas radiactivas. Incandescentes.
[…]
los dones que da la médula,
el grano para todos
en un pueblo pequeño.
[…]
una pérdida de tiempos
que el pulso mantiene exquisitos junto al timo,
indefinido y si lo piensas.

[…]
en una sola mano el mar,
de nuevo el mar vertido,
público,
desembocado.
[…]
como dicen los viejos y las viejas.
[…]
Sin molde o precisión.
[…]
Así.

VENENO

Del paladar al fondo la guerrilla,
veneno sin amortiguar son sus detonaciones,
juego de sal cisterna adentro.
Veneno desde abajo hasta el colapso.
Veneno portentoso buen auspicio
de cordiales antídotos
o no,
de más veneno. Más.

SALMO RESPONSORIAL

Como todos los deseos es mi deseo.

Mi deseo resbala
escaleras abajo
sin doblar una esquina,
no responde a preguntas
ni se atiene a las leyes
de la lógica básica,
no respeta los huecos
y apenas sabe nada,
nada hay que no espere.

Como todos los deseos es mi deseo.

Abonando el desorden
salpica desde el forro
del ceñido rubor,
salpimenta tumbonas
y alfombra de ortigas
inopinados bártulos,
no lo amparan permisos
ni repica perdones,
no levanta ni un acta.

Como todos los deseos es mi deseo.

Dormita entre corrientes
y asalta del tejido
primigenio de pasmo
el vaporoso aroma.

Curtido embrión de natas
cotidiano y festivo,
si no te has ido, grita,
y adorna un poco más mi fresca,
voluble voluntad.

Como todos los deseos es mi deseo.

AIRES SERRANOS

I
El primer bes no va ser a cap vega.

El primer beso no fue en ninguna vega.

II
De una encina caen los muslos,
cuelga
de una rodilla el olor del huerto.

III
Has vist la lluna?
la llum com li fa crosta?;
i ara allibera la mà,
ja toca el tràfec de tornada.

¿Has visto la luna?
¿la luz cómo le hace costra?;
y ahora libera la mano,
ya toca el trasiego de vuelta.

IV
El mediodía,
borroso de bromuro y moscas
viene culebreando.

24

V

Cal que et treguis la faixa, nina,
a dins del llit.

Es necesario que te quites la faja, muñeca,
dentro de la cama.

VI
Piel de gallina en marzo,
será que llueve.

VII

El primer bes a dins d'un garrofer,
el segón bes a dalt d'un garrofer,
el tercer bes darrera casa meva
ben prop d'un garrofer.

El primer beso dentro de un algarrobo,
el segundo beso encima de un algarrobo,
el tercer beso detrás de mi casa
bien cerca de un algarrobo.

VIII
Habré de meter mis dedos entre mis dedos
para sacar la tierra del bancal,
que no manche la cama.

IX

Ara que te l'has tret
és el raïm qui corre per l'escala
amunt i avall tot suat.

Ahora que te la has quitado
es la uva quien corre por la escalera
arriba y abajo toda sudada.

X

Tengo veinticinco pezones
todos de tergal rojo
para que no se aburran
tus dos pulgares.

XI

La taca del llançol
fa olor de ferro,
de ferro com les claus
que duus a la butxaca.

La mancha de la sábana
huele a hierro,
a hierro como las llaves
que llevas en el bolsillo.

XII

Piel de gallina en mayo,
Dios me perdone.

XIII
En aquella casa
sols feia calda dins del llit
o damunt del foc.

En aquella casa
solo hacía calor dentro de la cama
o encima del fuego.

XIV
Las caderas se le subían
cuando amasaba el pan
o amamantaba y cerraba los ojos
al frío de la casa.

XV
Plena de pèsols
la llum em taca,
pots apagar-la?

Llena de guisantes
la luz me mancha,
¿puedes apagarla?

SALMUERA

I
El mejor aprisco,
el coño.

II
Solo encabalgamientos
admite el polvo
y una esticomitia,
si Dios lo quiere.

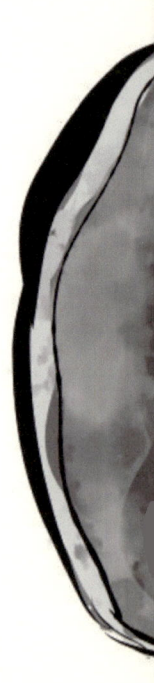

III
La nota más aguda
con el arco bien tenso.

IV
Del Olimpo me quedo
con el tridente
y el toro Blanco.

V
No confundas el orden de salivas:
boca, dedo, boca,
orto y crepúsculo.

VI
Bonito náufrago
mi vestido en el suelo.
Bonitas algas
las bragas por el suelo.

VII
Ni báculos ni espéculos
ni dedos largos,
quien mejor te conoce
es siempre el glande.

VIII
El clítoris es mi pastor, nada me falta.

En campos de algodón
su banderola verde,
una boca minúscula
remedo de Big Bang.

El clítoris es mi pastor, nada me falta.

IX
La puerta de una casa
tan lisa y vertical,
todo un compendio de lubricidad.

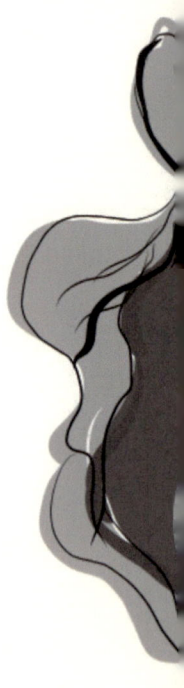

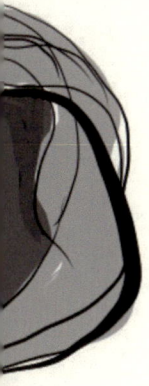

X
Las manos libres
para apoyarlas
en la encimera.

XI
Desde la espalda
se mueven las dos manos
como las propias.

Solo tú, semen, sabes
lo que te tengo prometido,
cuanto debo a tu pegajosa pátina,
al sabor a creciente fértil desbocado
y a tu confiada meta *cul de sac.*

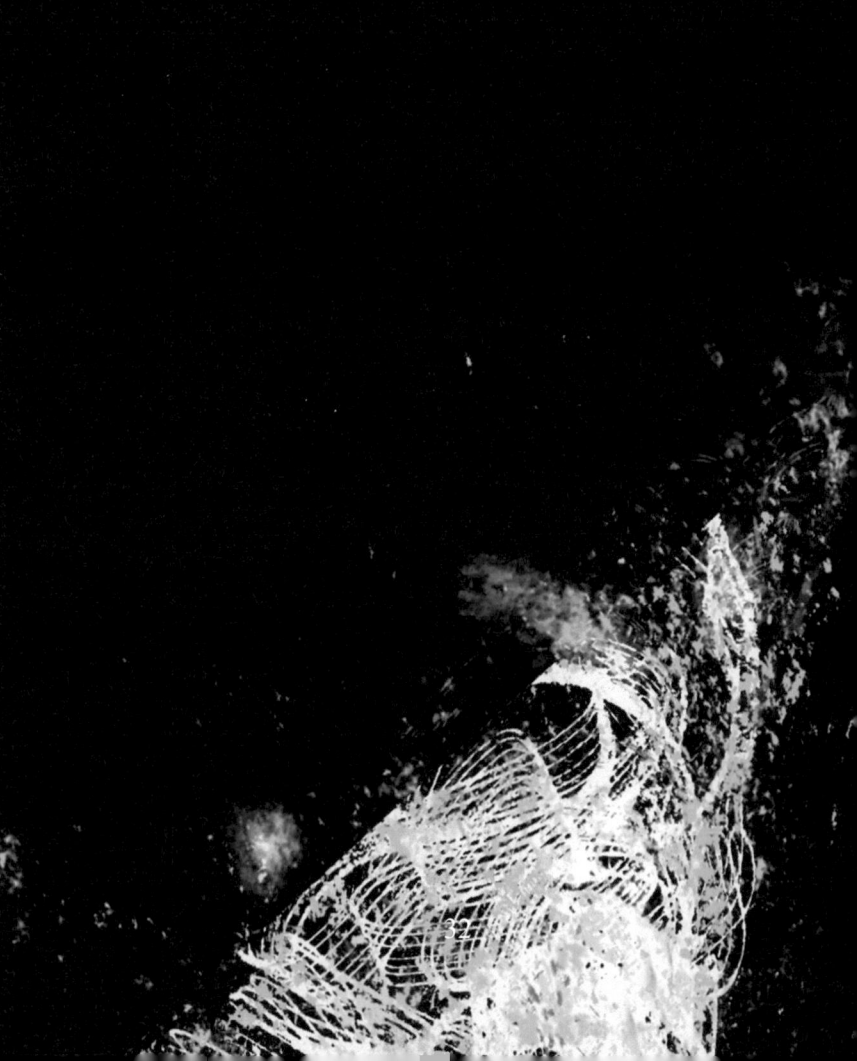

MATCH BALL

Hay una confusión de pies
dentro del agua vegetal,
descarrila casi el cálculo
cuando en un tris puntiagudo y sumario
la matemática regresa
y un pulso
de nata vierte al mapa
otra vez más.

Nunca estuvimos tan confundidos
como al término,
con ese olor a medias
a caverna y aspersor.

MI COLCHÓN

Yo no sé
cuanto sabe mi colchón,
pero sé cuánto
sabe mi colchón.

PARTE II:
UNO MÁS UNO

CONTRA EL PERFUME

Detesto el perfume autosuficiente,
esa vis de sustancia tan ajena
que me estraga chismoso la frente,
me obtura la garganta y la llena
de naftalina y ceras como puente
entre limpios insectos de colmena:
por confundir impávido el olor
de un ser cualquiera con el de mi amor.

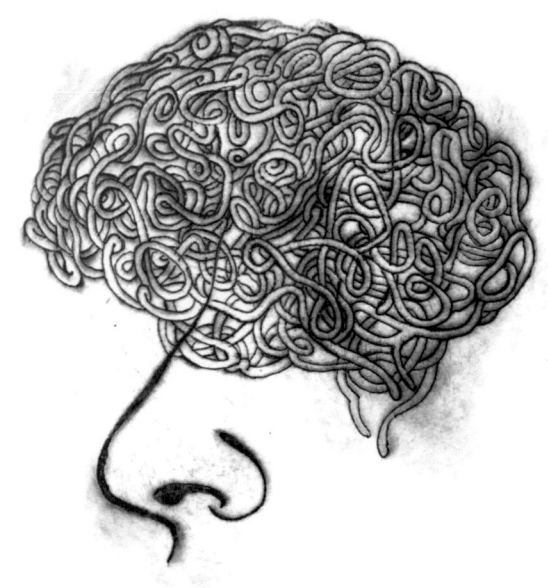

DIFERENCIAS

Tú tienes muchos caprichos,
yo, uno solo.

Si fueras mi país no dormiría,
el colchón
siempre abierto a ras de suelo.

LAR

Camino de la ermita de nuestra cama
entorno los muslos
para sujetar la casa,
su órbita
calzada con una de tus manos
entona el canto de penates
que confirma la hipótesis.

¿SABES QUÉ?

Me gusta que notes que no quema
el jugo
que desprende cuando asoma
la ternura,
porque habrá de servirnos de piloto algún día
quizá.

La paciencia está llena de senderos
a los que someter inciertas gotas.

Estamos ya
como debimos estar siempre:
el cuerpo aligerado
y el miedo allá en el monte.

NO OBSTANTE

Me observas
desde la clave de una industria propia
tuya y mía,
y aun tras el roce
de veniales cataclismos
escucho el bisbiseo
que el tiempo no marchita, aunque se empeñe.

ILUSIONISMOS

I

Como un colchón recién cosido
o el retal reposando a la espera
del vestido de fiesta, como
abrir la puerta al primer invitado,
el tren entrando en el andén.
Como el primer día de convalecencia
salvada la infección,
así te salgo al paso sin poder evitarlo
con los ojos y manos bordados, impacientes,
así te salgo al paso. Sin poder evitarlo.

II

El hilo de saliva desahogado
y un flujo fértil de tan tenue
sensualidad
que nos dé risas
y más risas.

INTIMIDAD

Te levantas
para cerrar
la puerta.

POEMAS PRIMITIVOS

I
Bajo la yerba los padres de mis padres
mis padres bajo la yerba
bajo la yerba mis hermanos
mis amigos bajo la yerba
bajo la yerba tú
y yo bajo la yerba.

II
Los ojos sabios de mi amado
las manos sabias de mi amado
el sexo sabio de mi amado.

III
Él encaja lleno en mi vaso.

IV
La estrategia era simple: moverse, pernoctar,
hacer fuego, mojarse, junto al río en septiembre,
venerar a los viejos, el amor y la guerra.

V
Hay tantas cosas
perdidas para siempre
como arándanos que recolectar
en un día.

ACERICO

Él decía: «¿Tienes un alfiler?»,
y ella sonreía.
«Debes clavártelo en los dedos».
Ella hacia él: «Será una fiesta».

QUID PRO QUO

Mi pulmón por una de tus manos.

Si se detuviera la lengua
a retomar el jugo
y retornarlo
o rescatar el juego
y restaurarlo, nadie
podría decir nada
aunque fuera preciso.

Agua todo el rato
cediendo al lirio el calor espumoso
de una congregación hecha a conciencia.

PESCA

Si enredada en sedales corriera y corriera
hasta la casa del portal abierto
recogería tantos peces
como para llenar todas las lonjas.

LA SAL

A Lili

I
Valor al sí y al vendaval
desde la exacta arena
volátil
tan salada.

II
Y cómo respirar
con un peso de fondo
adherido a la pieza del pulmón
blanda y caliente
que no se extirpa.

III
Desempolvar las primeras cartillas
para admitir
desde sus mismas hojas
que basta solo el roce de una mano.

IV
No debes asustarte,
soy yo quien muere.

V
Volver a respirar
como de niña
con todo el paladar en los pulmones.

VI
A pesar de la herida
me levanto, me aseo,
aliño la ensalada, deambulo por la casa,
como una buena india mantengo el fogón vivo
consciente
de las horas.

VII
No des
nada por sentado,
podría ser el indio que de madrugada
te sacara los ojos
o quien aun malherido
te tentara la cara para sorberte el llanto.

La impertinencia de la mano abierta
al calor y al remate, qué das o qué te doy
de esas maneras despuntadas
cuando aprieta la entraña
y no hay recato posible.

Sin boca
ni dientes;
sin dedos, lengua, sin sentidos.
Lo imposible será solo el principio.

IN MEDIA RES

Con las manzanas una trenza,
con la trenza recorriendo la calle
que un día fue indistinta
y hoy por un azar redondo,
indispensable.

NORIA

Hay un árbol que ve a otro que lo mira.
Un árbol mira
a otro árbol que no lo ve.
Hay un árbol que quiere ser mirado
por otro que lo mira y
solo quiere mirarlo.
Un árbol mira donde otro árbol ve.
Hay un árbol que ve lo mismo que otro árbol.

EXIT

Aún recuerdo
las flores de su falda:
cuando se hubo vestido

florecían.

PARTE III:
UNO

Lo difícil no es lo inesperado:
una válvula rota
o un pedazo sombrío
de tedio sorprendente,
lo difícil es sacar brillo
a la gastada
y cotidiana indumentaria,
engalanar sin prisa los fogones
donde se pone a prueba
la paciencia cada día.

Apela al mar
para extraer el grano que te falta
hoy.

Hace mil años ya
yo fui tu sierva
y aún te salpicarán los cursos de mi boca.
Yo soy tu sierva.

EL VASO Y LA ESPERANZA

¿Habría de sufrir para llenar un vaso?
¿Y por qué habría de sufrir para llenar un vaso?
¿Y qué me dice Ud. de la esperanza?
¿Y qué me dice Ud.
de la esperanza?

¿Y qué me dice
Ud. de la esperanza?

DÍAS DE MOVIOLA

I
Sí, son estos los días de moviola,
los días de moviola descosida,
descosida por un solo costado
por un costado solo.

II
Un oasis y adentro un espejismo
que cabe en una tarde
que cabe en una copa que
se derrite al pie de la misma puerta.

III
Recogería el vuelo de la falda
un poco hacia los bordes de una tarde concreta
y allí repetiría,
Dios me perdone,
las mismas revolainas.

PÉRDIDA

I
No es una herida exacta,
son los garbanzos por el suelo.

II
Como se pediría a un buen verdugo:
nevermore, never again
cumplíos rápido.

III
Desabastecerse a todas luces
el anfitrión
y el convidado.

IV
Docta solo la punta del zapato,
que actúa y sin embargo no comprende
nada.

V
Como el chusco de pan trisca reseco,
le digo a madre,
así van cayendo los días.

VI
Y ahora llama el operario y dice
que habrá que desmontar
el pantalán con su nariz supina
y yo sin asas le pregunto:
¿La caja de herramientas?

VII
De mi tristeza solo hablo con el campo y nada
has de saber de la pálida duda
de una tarde o de las siguientes, nada.

VIII
Si fuera este
mi último poema,
sería para vos.

IX
Pobre de mi esperanza desmedida,
qué órgano te avala, vitral
de tantos verdes.

De dónde mamas, dime.
Cómo un dedal así de colosal e inofensivo,
que como hierba de conejo brotas,
cómo estás tardando tanto en volver
al cajón
bien ordenado.

AS TIME GOES BY

[...] Nosotros, los de entonces, ya no somos los mismos
[...].
Pablo Neruda

I
Uno
no puede, por más que se desuelle,
saber cómo pasará el tiempo.

II
Si has de volver a la tierra no calma
habrías de saber algunas cosas:
el campo
ya no es el mismo campo,
ni la vieja esperanza
endomingada aún
con los ojos delgados, tan llenos por la espera.

III
Mis ojos están limpios,
básicamente limpios,
limpios como la tarde limpia
y las mañanas limpias,
limpios de viejas pieles y de pieles muy viejas,
limpios como la tarde limpia
y esta mañana limpia.

IV
De los días que pasan
las manos, estas manos,
siguen el pulso elástico.

V
La renta siempre
me sale a devolver.

OLVIDO

I
Sedal que borra el cerco
de vino de este vaso
que no he de beber más.

II
No hablo de la ámbar opulencia,
alimento del mundo
jabón de Alepo,
por el olor te sigo hasta la puerta y
rescato solo un sorbo,
polen apenas.

III
Las manos regurgitarán su movimiento
de cafetal reciente, remozado,
que yo lo he visto muchas veces
y madre lo decía:
que están los agrios por caer
y luego,
luego llega el verano nuevamente.

CÁSCARAS

I
Un aldabonazo
reclama a la cáscara
su impoluto telón.

Yo alcancé a chuparme el dedo
ya pringoso por esa yema joven.

II
Quién podrá jurar que nos quisimos
del amasijo de cascotes
que ha sido nuestra casa.
(silencio)
(silencio)
Soy yo. Yo juro.

III
Mi amor
no es como el huevo:
todo o nada.

Pero yo amo a Cleopatra ¿parezco Marco Antonio?
Me muero por Julieta ¿te recuerdo a Romeo?

Bordeando las ganas de romper
todos los platos
da de sí
las posibilidades buenas
de un no nativo
y descubre lo que ha ganado, aunque

sin solución
huele a fantasma.
Toca a fantasma,
sin solución.

Dices que no te bese los ojos
que no te toque las manos
que no pasee tu calle,
eso dices.
Yo lo cumplo.

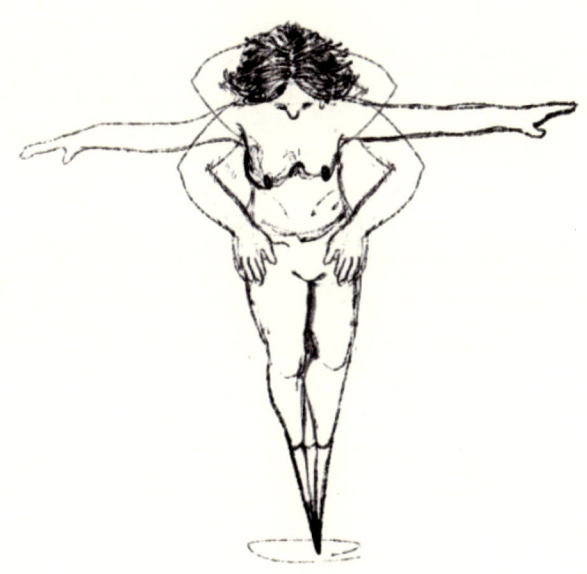

DEEP SORROW

El borde de una falda con sus hilos colgando
hablará de rasguños
a quien quiera escucharlo.

SUPERFLUO

Aquí,
junto al núcleo
también resuena,
pero tan tenue.

LUCIDEZ

Tanteó
los bordes de la historia una vez más
con parsimonia breve
y comprendió por un instante solo
los límites difusos
de lo que pudo haber quedado en nada.

NE ME QUITTE PAS

Con los dioses sí hablo
y a quien le falte algo que lo pida.

Pregunte cómo se ha agriado el guiso,
solicite la sal que es necesaria,
se empeñe en comprender el movimiento,
se pare

y se confunda.

Los dioses sentados sin remedio
le den la espalda entera.

Aunque fue turba y dicen
que sonará antes de que alguien la toque y
solícita vuelva silbando
por la avenida
como si nada.

ESPERANZA

Sé que a partir de ahora
serán
todo imaginaciones mías.

ÍNDICE

PARTE I: UNO

PARTE II: UNO MÁS UNO

PARTE III: UNO

Nota de la editora

Esta obra ha sido financiada gracias a los ingresos obtenidos por la venta de los títulos editados por Piezas Azules hasta ahora, muchas gracias a los autores de los mismos:

Ropa tendida (ocho coladas), de Patricia Lodín
Ansiógeno, de Jesús Alonso García
Primer Párrafo, de Paloma Mozo Sanjuán
Donde planean los pájaros, de Mara Carver
El papel de un cromo, de Marian Peyró
Intentar la casa, de Andrea López Montero
Música y leyenda, de Javier Lodín
Podía haber sido de otro modo, de Irene Torres Redecilla
Días de Reykjavík, de Ernesto Diéguez Casal
Tiempo de frutos, de Ramiro Gairín
Estratos, de Mariano Peyrou y Mar Lozano
Nunca esta lengua, de Virginia Saji
Herbario de amores dulces, VVAA
Palpar la luz, de Ana Casado
Las claves del Vuelo 605, de Javier Lodín
Mosaico de barr(i)o movedizo, de Salomé Ballestero
El pulso herido, de Daniel Herrera
El miedo tranquilo, de Mariano Peyrou y Mar Lozano

Este libro se leyó por primera vez camino a Galicia, la sal estaba en la boca y el cuerpo se puso un poco picantón y un poco triste. Entendimos el sabor, supimos el tiempo, nos reímos, clítoris mediante, buscamos algarrobos. Jimena Cid sabe de convocar todas estas cosas, y en el bar *Chulo*, pese a tener una música complicada por detrás, leímos el libro en alto: este libro es para leer en alto, para saborear. Si pudo con aquella música, con qué no va a poder *La Sal*. Vinieron más bares: la bondad y el aprendizaje de hablar con la autora sobre un libro que es desde la piel, con tiempo y sabor. Dónde colocarse desde ahí.

Patricia dijo «quiero ver a Jimena muchas más veces». Los libros inician familias. La sal cura. Gracias Patricia, por dejarme entrar en esta familia, por inventarla y poder poco a poco ampliarla: gracias Dani, porque eres sabio y ves, gracias Ana, por tu mirada afilada.

Este libro tiene una voz más, también picante, también cuidada. Gracias Ana Cid, *La Sal* es completa con vuestro juego en común.

Patricia siempre te agradece a ti, lector, comenzar a formar parte de esta familia, yo te agradezco, además, por atreverte a la poesía: corren tiempos difíciles, necesitamos la pausa, leer, poder hacerlo en alto, de pie, incluso, al fresco, mejor.

Andrea López Montero, abril de 2024.

Entre correciones de exámenes, dientes a trozos y un *jitsi* de baja velocidad, este libro se maquetó con cariño en varias lecciones altamente formativas, combinadas con cerveza y croquetas, rondando el inicio de primavera, cuando los olmos están fosforitos de hojas bebé en Moratalaz y en Bravo Murillo reina la paciencia de consortes y orquídeas, en esta vida que se desdobla a dígitos y se junta con comida y sal.